Glücksjäger ist der erste Gedichtband von Fabian Leonhard. Die lyrischen Texte handeln vom Berliner Großstadtleben, der Liebe und von der Zeit zwischen den Freiheiten des Studentenlebens und der drohenden Arbeitswelt. Sie spiegeln gesellschaftliche Erwartungen, die immer weniger Räume für den Einzelnen zu lassen scheinen. Die oft kurzen Texte sind eine Mischung aus Alltagsbeobachtungen und einer lyrischen Verarbeitung vom tagespolitischen Geschehen. Dabei kritisieren sie nicht nur, sondern machen auch Mut: Das Leben steckt voller Wunder. Und es fängt gerade erst an.

Fabian Leonhard, geboren 1992 in Berlin, hat es sich zum Ziel gesetzt, die Lyrik zurück in den Alltag zu holen. Dafür experimentiert er auch mit neuen Formen, wie der filmischen Umsetzung seiner Gedichte. Lyrik ist für ihn ein Mittel, sich mit sich selbst und dem Leben in unserer Gesellschaft auseinanderzusetzen.

Fabian Leonhard

Glücksjäger

Gedichte

Trabanten Verlag Berlin

3. Auflage Januar 2021

Veröffentlicht im Trabanten Verlag
Berlin, November 2020
Copyright © 2020 by Trabanten Verlag Berlin
Alle Rechte vorbehalten
Illustrationen: Christine Ripken
Umschlagkonzept: Kaja Helak
Printed in Germany
ISBN: 978-3-9822649-0-5

www.trabantenverlag.de

Mit Zeichnungen von

Christine Ripken

Für Kaja

Inhalt

1.

Gedichte lesen

Ich will Gedichte nicht lesen
wie Literaturwissenschaftler
die wie Chemiker den Text zerlegen
wie Detektive jedes Stück bewegen
und dann sagen: Sie sind ihm
auf die Schliche gekommen

Ich will mir selbst
auf die Schliche kommen

Auf der Wiese

Menschen, zusammen
Mit Flaschen von Wein
Menschen mit Hunden
Und Menschen allein

Menschen, die denken
Sie wären nicht allein
Menschen, die denken
Sie brauchen gar keinen

Menschen, die da sind
Weil sie allein sein wollen
Und Menschen, die denken
Dass sie allein sein wollen

Menschen, alleine
Die denken, so ist das
In Berlin, da wo jeder
Nur sich hat

Willkommen in den neuen 20ern

Eine weiße Linie zieht sich munter
Rauschend, tosend durch die Stadt
Immer höher und niemals runter
Menschenwunder leuchten matt

Und in tanzender Ekstase bebend
Rauscht ein jeder durch die Nacht
Willkommen: Freies, neues Leben!
Und ein Handygott, der uns bewacht

Die Wahrheit verschwommen
Sie fühlen sie jetzt eher
Alle vernetzt, doch innerlich leer
Und auf der Karte quellen blaue Flecken

Es gärt und wächst und trommelt wieder
Wieder klingen hässlich-alte Lieder
Und wir? Gewöhnen uns daran
Und wann, ja wann ist's zu viel?

Geschichte

Zu wissen was war
Ist zu wissen weswegen
Ist zu wissen wofür
Ist zu wissen wogegen

Kindheit verblasst

Die Quelle wird zum Rinnsal
Klar und leicht und schön
Das Rinnsal wird zum Bach
Kindheit plätschert schön
Plätschert lachend durch Wälder
Und wird schließlich zum Fluss
Und zum ersten Mal hörst du
Das alles muss, alles muss

Zeit

Da liegt sie nun in tausend kleinen Dingen
Weggewürfelt, schief auf alter Bahn
Und eingewebt zum Ganzen dann das Klingen
In den immergleichen alten Dingen

Im Elternhaus, die alten Bilder
Die fast wie Monumente kleben
Die fast dort hängen wie zum Trotz
Die fast noch lebten, eben noch

Und dann im Gehen: meine alte Schule
Still verlassen liegt sie da
Und ich sehe fast verlegen
Still zurück, wer ich mal war

Und leise schiebt sich jetzt der Himmel
Ein Gemälde weiter und wird schwer
Krallt sich rot durchleuchtet fest
Und sagt ganz leise: Da ist mehr

Blauer Hund

Ein Jemand sagt:
  Ein blauer Hund
  Streift durch die Gasse!
Seit wann gibt es diese Rasse?
Woher kommt nur dieser Hund?
Dieser Hund! Dieser Hund!

Ein Erster zückt sein Handy
Dann kommen immer mehr
Der Schwall an Menschen
Handyzückend
Will nun immer mehr

Und in den Blättern
Steht in großen Lettern:
Neues blaues Hundewetter!
Blaue Hundepedimie!
Blaues Wunder, aber wie!

Und wie von Wunder
Ganz alleine, wird's
In allen Köpfen blau
*Und plötzlich sind
Auch Katzen blau*

Februartag

Ein grauer Himmel
Drückt auf das Land
Gemälde aus drei Farben

Ich sitze am Fenster
Und schreibe gebannt
Doch dann wie gelähmt
Vor gleichgrauer Wand

Verharre ich still
Und lausche dem Regen
Und weiß, was ich will
Und muss mich bewegen

Jeder Gedanke
Der mich weiter fortträgt
Ist jetzt neue Kraft für mich
Und flüstert mir leise

Nun geh auf die Reise
Und streiche den Himmel
Blau für dich

Nie

Nie waren wir freier
Nie wussten wir mehr
Nie lebten wir länger
Nie waren wir so leer
Nie gab es mehr Menschen
Nie wuchsen mehr Städte
Nie störten wir mehr
Die natürliche Kette

Das alles muss

Aufstehen
Geld verdienen
Jemanden lieben
Kinder kriegen
Das alles muss
Das alles muss.

Feste feiern
Älter werden
Wohnung kaufen
Freitag saufen
Das alles muss
Das alles muss

Sicherheit
Ewige Treue
Und dann
Fremdgehen
Ohne Reue
Das alles muss
Das alles muss

Und das Müssen
Wird zur Wahrheit
Wird zur Wahrheit
Alles muss

Angst / Leben

Die Angst vor der Freiheit
Ist die Angst vor dem Leben
Die Angst vor dem Scheitern
Ist die Angst gleich daneben

Ein Leben, was ist das
Du wirst es nie wissen
Schnell kannst du's zerleben
Ohne was zu vermissen

Weil du nicht weißt
Was du vermisst

Bunte Tiere

Giraffen fahren U-Bahn
Affen stehen am Rhein
Zebras ordern Kölsch
Und Katzen trinken Wein

Die bunten Tiere
Ziehen durch Städte
Konfetti springt durch Straßen
Trinken lachend um die Wette
Und tanzen bis der Morgen graut

Sie bellen, sie schnurren
Sie singen und schreien
Die Masse auf der Straße
Und keiner ist allein

Und kurz vor dem Ende
Da sieht man sie kriechen
Sie krabbeln und schlängeln
Sie galoppieren zu zweit

Zurück in die Vorstadt
Zurück zur Matratze
Unter der Brücke
Zurück in die Villa
Am Rhein

Zurück in das Leben
Zuhause
Zurück in die eigene Welt
Denn unter den bunten Tieren
Gibt es nichts was hält

Sie schließen sich ein
Und hinter den Masken
Bleibt die getrennte Welt
Kein Fest kann was verbinden
Was längst in sich geteilt

Der Pessimist

Ich sage: „*Ich bin Optimist!*"
Du sagst zu mir: „*Süß*" und sonst nichts
Ich sage: „*Ich sehe die Welt aus meiner Sicht.*"
Du sagst: „*Ich seh sie, wie sie ist.*"
Ich sage dir: „*Nichts ist objektiv!*"
Du sagst mir: „*Das stimmt nicht,*
Sie hängt eben schief."
Ich sage: „*Du hängst sie schief!*
Nimm's mir bitte nicht krumm."
Du sagst mir: „*Das stimmt nicht.*"
Und ich bleibe stumm

Frühlingsgedicht
(In Zeiten des Klimawandels)

Ein milder
Luftzug
geht durch
sonnenglatte
Blätter,
gleißend
helles
Frühlings-
wetter!

   Es erwacht
   die Natur!

Hat sie denn
überhaupt
geschlafen?

2.

Moria

Brennende Menschen
aus einem brennenden Land
brennen in einem brennenden Camp
für ein Leben
das wir daneben
einfach leben

Politisierung

Etwas zu sehen
und anfangen zu denken
Etwas zu denken
und weiterdenken
Etwas festhalten
und weiter festhalten
Etwas arbeiten lassen
bis es bleibt

Und dann aufhören
zu denken
Etwas anfangen
zu machen
Und dann
durch das Machen
wieder anfangen
zu denken

Im Schatten des Lichts

Sie ziehen um die Häuser
Schwimmen im Glanz
Im Schatten der Lichter
Dort fühlen sie sich ganz
Tunnelblick und alles verschoben
Im Rauschen der Nacht
Ist alles schön
All die Gefühle
Zusammen verwoben
Bis keiner mehr fühlt
Was er eigentlich fühlt
Doch das will auch niemand
Man sieht es in ihren Augen
Nachts um halb vier
Sind sie noch immer am Funkeln
Glasige Spiegel
Die sich im Dunkeln verlieren
Und sie wollen sich verlieren
Der Beat hämmert auf die Gefühle
Und sie suchen nach Sinn
Aber erstmal nach dem nächsten Kick
Zwischen Tanzfläche, Bar und Toilette
Ein Blick, der sich festhält, nur für Sekunden
Und dann wieder verwischt, getrieben
Denn noch haben sie es nicht gefunden
Dieses Licht

Der Weg

Er liegt vor dir wie eine Landschaft
Eingegraben, endlos weit
Schießt von dir in jede Richtung
Tausend Mal Unendlichkeit

Doch ganz von alleine ziehen sie dich an
Die großen Alleen, die asphaltierten Straßen
Sie rufen dich, und wenn nicht jetzt, irgendwann
Fährt fast ein jeder im gleichgrauen Bann

Grabe und fahre und wühle und steh
Auch auf den dunklen, auf den kleinen Wegen
Und dann, irgendwann, begreifst du weswegen
Dann zweigt er sich ab: dein Weg

Kunst

Die Kunst mit wenig
Worten viel zu sagen
kann man wagen
würd ich sagen

Menschen mit Hunden

Allein sind sie nicht
Diese Menschen mit Hunden
Sie treffen auf andere
Menschen mit Hunden

Sie drehen ihre Runden
Und halten dann an
Bei Menschen mit Hunden
Und sprechen sie an

Und sprechen dann
Durch ihre Hunde hindurch
Mit Menschen über Hunde

Und manchmal am Abend
Wenn das goldene Licht
Sich dann bricht
Manchmal auch über sich

Die Glücksjäger

Sie ziehen um die Häuser
Wühlen sich durch die Nächte der Stadt
Getrieben, immer auf der Jagd
Nach dem nächsten Bonbon
Der nächsten Kippe
Und der nächsten fremden Lippe
Mit dem Drink in der Hand, erzählen sie
Von sich und von sich und sonst nichts
Ihre glasigen Augen glitzern
Während sie sich ihre eigene Geschichte spinnen
Und je mehr sie erzählen, desto mehr glauben sie
Daran. Sie selbst sind ihre besten Zuhörer
Aus kleinen Fäden wird ein Netz
Und daraus webt sich das Ich
Dieses Selbstbild der Nacht
Der Rausch lässt alles etwas spannender wirken
Doch tief im Innern spüren sie die aufkommende Leere:

Endlich soll etwas passieren!

Seit Jahren schon warten sie auf den großen Knall
Der das Leben zu etwas Besonderem machen soll
Einzigartig. Auf jeden Fall mehr als der Standard
Doch was passiert, wenn er nicht kommt
Dieser große Knall? Ich hoffe, dass sie dann trotzdem
Leben und das können, was sie im Innern
Am meisten wollen: *Etwas zu fühlen*

Stehenbleiben

Ich bin müde, wenn ich aufsteh
Ich bin müde, wenn ich steh
Ich bin müde, wenn ich rausgeh
Ich bin müde, wenn ich geh

Mein Kopf ist müde von den Sachen
die seit immer schon geschehen
Früher konnt ich drüber lachen
heute bleib ich stehen

Und schreibe Gedichte, wenn ich aufsteh
Schreibe Gedichte, wenn ich steh
Schreibe Gedichte, wenn ich rausgeh
Schreibe Gedichte, wenn ich geh

Eine Sprache

Wir rufen:
Bleibt zu Hause!
Stay at home!
Quédate en casa!
Resta a casa!
Restez à la maison!
Bleift doheem!
Blijf thuis!
Vertu heima!
Jää koju!
Ostanite kod kuće!
Zostań w domu!
Zůstaňte doma!

Warum
Sprechen
Wir nicht
Europäisch?

Ausgangssperre

Ein Wildschwein läuft am frühen Abend
Allein, über den Place de la Bastille
Und drüben, am Kanal dort, sieh!
Zwei Hirsche trinken, c'est la vie

Im Hecht

Erwärmte Gesichter, die rauchend und fahl
Verschwommen im Lichte der Stube
Sich zuprostend, lachend, ein weiteres Mal
Hineingebend ins goldwarme Bad

Sie rücken zusammen und nippen am Wein
Und schenken sich reinen und unreinen ein
Und trinken mit Freunden und mit irgendwem
Mit dem und dem, den sie nie wiedersehen

Und guckt man genau, so sieht man's hier noch
Der Anwalt, der Lehrer, sitzt neben dem Koch
Sie trinken, zusammen, gestützt auf den Tresen
So ist es im Hecht schon immer gewesen

Wollen / Sollen

Es ist schon seltsam
wie die Menschen werden

Und man dann mitschwimmt
ohne es zu wollen

Wie alles Wollen
in dem Sollen fast verschwindet

Und dann im Sollen
doch ein letztes Wollen

Das man festhält, fast verbissen
und weil es anders auch nicht geht

Wegschwimmt weiter in dem Wissen
dass es auch noch anders geht

Unsere Farbe

Unsere Blicke, die sich treffen
Zwei zusammenfließende Farben
Zwei Sekunden am Morgen
Stille. Geborgen.

Unser Sichfallenlassen, schau
Zwei wie wir, die tanzen im Licht
Und Grün und Gelb wird zu Blau
Bis wieder alles verwischt

Nie wieder, nur ein Augenblick
Und doch: Etwas bleibt
Unser Blau, unsere Farbe
Unser zerbrechliches Glück

Ich und mein Schatten

Abendsonne trieft den Wald in goldgegossenen Farben
Seit wann wir uns hatten? Seit immer schon halt!
Er steht nur so abseits und doch gibt er Halt
Weil er mir vertraut auf all meinen Wegen
Weil er mir misstraut und deswegen
Nie wieder aufhört, ich zu sein
Ich und mein Schatten allein
Ich und mein Schatten
Ich und
Ich

Arbeite, Arbeite!

Im ewigen Strom fließt alles gleich
Menschenmassen, die nach Hause irren
Der Blick ist geheftet aufs Handy und still
Schiebt sich die Masse und weiß, was sie will

Arbeite, arbeite, dann geht es dir gut
Flüstern sie leise und nehmen dir den Mut
Schwarze Insekten, gepanzert und schwer
Rollen vorüber und verlieren sich im Meer

Ihr Lächeln gezogen, doch die Augen sind leer
Sie glänzen im Licht der Laterne
Und durch Tunnel schauend in die Ferne
Flackert unruhig die Sucht nach mehr

Sie treiben, sie zerren, sie fügen dich ein
Und du fügst dich, doch am Ende allein
Und du arbeitest, arbeitest, arbeitest
Für dich? Für sie? Für wen?

Der Schauspieler

Er spielt seine Rollen
Er taucht in sie ein
In hingebungsvollen
Stunden
Allein

Und übt vor dem Spiegel
Und schminkt sein Gesicht
Und tanzt bis zum Morgen
Ins hellrote Licht

Und dann
Am Abend auf der Bühne
Ist dann alles beisammen
Und alles zieht tief, zieht alles
Zusammen

Es zieht an der Maske
Und manchmal tut's weh
Wenn sie abfällt, ganz kurz
Und ich mich dann seh

Im Spiegel, der Bühne
der Rolle, des Lichts
Spüre ich alles
Und spüre ich nichts

Badewanne

Nur in der Badewanne
Bleibt die Welt mal stehen
Hört auf sich um sich selbst zu drehen
Und das alles doch nur für Sekunden
Dann wird's ihr zu heiß
Und sie dreht ihre Runden

Grünes Niemandsland

Ein grünes Band von Niemandsland
Glattgezogen wie gemalt
Quillt hervor am grauen Rand
Und liegt alleine da

Insel zwischen Beton und Asphalt
Die in dem Rauschen alles verzeiht
Gebaut, gemäht und sauber gereiht
Doch einsam bleibt

Nur abends in der blauen Stunde
Sitzen Menschen mit Flaschen von Wein
Und rauchen und trinken und lachen
Und hauchen dem Eiland Leben ein

Ein Mensch

Das Herz schlägt gleich
in unsrer Brust
Wir atmen gleich
die gleiche Luft
Sind fest verbunden
auf bestimmte Weise
Sind alle gleich
auf gleicher Reise

Regentag

Der Himmel lässt den grauen Rand
Den ganzen Tag gezogen
Und dumpf und wohl und ruhig zugleich
Und kommt und geht in Wogen

Mit frischer Klarheit in der Luft
Gehen feine Fäden nieder
Entlocken der Erde den eigenen Duft
Und regnen immer wieder

Es kommt jetzt der Herbst
Das sagt mir der Regen
Die lesende, schreibende
Leuchtende Zeit
Bereit

Stell dich ans Fenster
Mach's auf
Und spür ihn, den Regen
Fang an zu fühlen
Und fang an zu leben

3.

Die Maske

Sie klebt im Gesicht
Nicht sichtbar, doch da
Geformt jetzt für immer
Vielleicht schon seit Jahren
Seit wann du sie trägst
Das weißt du nicht
Sie ist einfach gewachsen
Über die Jahre
Anfangs nur ein dünner Film
Doch jedes Jahr kam eine
Neue Schicht dazu:
    Als du in die Schule kamst
    Nach deiner ersten Liebe
    Und in deinem ersten Job
Sie filtert das Rauschen der Welt
Hält den Dreck ab, das Böse
Doch auch das Schöne
Ja, sie macht dich unverwundbar
Und vielleicht ist das wahr
Doch wer unverwundbar ist
Der kann nicht lieben
Betonierte Gefühle

Sie ist dein Schutz
Vor der Härte der Welt
Dein in Stahl gegossenes Lächeln
Dieses Lächeln
Das alle erhellt
Nur dich nicht
Dich lässt es erschaudern
Jetzt sitzt du da
Am Morgen
Schaust hindurch
Durch all die Sorgen
Und willst sie dir abreißen
Mit aller Gewalt
Doch die Maske bleibt da
Bleibt da, wo sie bleibt

Was ich nicht will

Ich will kein Leben im Käfig
Gefangen im goldenen Schein
In dessen Licht ich geblendet
Mich hochzieh und aufhör zu sein
Ich will kein Leben für Menschen
Die denken, es wäre das Geld
Die denken, das wäre schon alles
Die denken, das wäre die Welt

Es gibt Tage

Es gibt Tage
Da denke ich
Alles fließt gleich
Im ewigen Strom
Richtung Meer

Ich ruder und ruder
Und frage mich, wann
Komm ich an, wann
Denn, wann?

Und dann versteh ich:
Ich komme nicht an
Ich komme nie an
Es gibt gar kein Wann

Herbsttag

Durch klare Luft
Die bunten Blätter
Taumeln herunter
Und legen sich hin
Und wirbeln und tanzen
So wie ich durch die Straßen
Und fragen mich: Wie?
Und fragen: Wohin?

Noch einmal spürt man sie
Die wärmende Kraft
Der Sonne, der Blätter
Unterm goldenen Dach
Und lehnt sich zurück
Und steht dann kurz still
Und geht durch die Wälder
Und fragt, was man will

Wohin wird's dich treiben?
Wohin wirst du gehen?
Gehst du jetzt weiter
Oder bleibst du jetzt stehen?
Lasse dich treiben
Und folge dir selbst
Denn du musst nur eines finden:
Den Weg

Ich lebe mein Leben

Ich lebe mein Leben
Und zieh neue Kreise
Unaufhörlich am Weben
Auf unendliche Weise
Denn ich will etwas fühlen
Und mich völlig reingeben
Und vollkommen frei
Denn das sei das Leben
Und so trink ich jenen Wein
Ziehe allein durch die Straßen
Und spüre: Es ist leicht, ich zu sein
Denn wenn das Licht am Abend
In dieser Farbe ist
Die den Zauber innehat
Der schnell verblasst
Bin ich ohne Hast
Ich liebe die Melancholie
Die jetzt in den Straßen hängt
Und nie schöner war
Als gerade jetzt

Wie ein samtweicher Schleier
Legt sie sich auf die Stadt
Schwer, doch weich
So wie der Mantel, den ich trage

Ein junges Paar fliegt an mir vorbei
Streift meine Gedanken, als es lacht
Und entschwindet
Gezogen in die Nacht

Hamburg bei Nacht

Ein steter Wind weht rau vom Hafen
Ich steige in das schwankende Boot
Gelber Lampenschein, dort wo wir saßen
In der Ferne schon ein erstes Rot

Das mich hinzieht und ich sinke
In mich selbst ganz tief hinein
Alte Stimme, wenn ich trinke
Die mir sagt: du bist allein

Die mich hinzieht zu den Menschen
Verschwommene Fremde an der Bar
Denke dich, trinke dich, denke dich
Zeitvermissend, wie's mal war

Bis zum nächsten Morgen

Alles verschoben
Sagt der Tunnelblick
Alles gut
Sagt der Mund

Alles verwoben
Bis zum nächsten Morgen
Grelle Sonne
Grelle Sorgen

Dieser Kontrabass
Am Morgen
Gibt dem Leben einen Ton
Monoton

Liebesgedicht I

Ein Lächeln
Zieht sich ins Gesicht
Wenn sie sich sehen
Am Morgen

Sie sehen sich an
Doch sehen sich nicht
Sie sehen sich an
Doch sehen nur sich

Sie sind einsam jetzt
Jeder für sich
Und denken an sich
An sich und an sich

Sie lieben sich
Ich mein jeder liebt sich!
Auch wenn sie noch sagen
Ich liebe nur dich!

Liebesgedicht II

Ein Lächeln
Zieht sich ins Gesicht
Wenn sie sich sehn
Am Morgen

Sie brauchen sich
(denken sie)
Doch sie treiben
Auseinander
Das merken sie
Jeder für sich
Aneinander

Und anstatt
Es zu lösen
Da binden sie's zu
Komm
lass uns heiraten!
Meine große Liebe
Bist du!

Liebesgedicht III

Zwei Jahre
Zwei Kinder
Zwei Autos
Später:

Ein Lächeln
Zieht sich ins Gesicht
Wenn er sie sieht
Am Abend

Sie zieht sich aus
Und zieht ihn weg
Von seiner Frau weg
Mit jedem Kuss weg
Ein Stück

Liebesgedicht IV

Zwei Jahre
Zwei Krisen
Zwei Affären
Später:

Kein Lächeln
Zieht sich ins Gesicht
Als sie es dann beenden
Sie sehen sich an
Ein letzter Blick
Dann lassen sie's
So enden

Das hätten sie auch
Vier Jahre
Vier Krisen
Vier Affären
Vier Kinder
Früher tun
Können

Ein Gedanke

Ein Gedanke
Der zur Ranke wurde
Der sich fortwuchs
Und verband
Mit anderen Gedanken
Die ihn nährten
Die ihn belehrten
Und dann fraßen

Nie wurde er erwachsen
Nie wurde er zum Baum
Und doch steht heut ein Bäumchen
Im Garten hinterm Zaun

Denn ein Gedanke
Wurde nicht zur Ranke
Er war stärker und blieb da
Er hörte auf zu denken
Und blieb das, was er war

Der Tropfen

Anfangs nur ein kleiner Tropfen
Der sich sammelt in sich selbst
Doch die Schwere treibt beharrlich
Bis er fällt, in ihre Welt
Geht durch sie durch, durch ihre Glieder
Frisst sich bis ins Innerste
Und mächtig, dunkel immer wieder
Schlägt er zu und nimmt ihr Glück
Denn als er fällt, zerfällt gleich alles
Alles kriegt den gleichen Ton
Alles um sie rum verschwindet
Alles nicht mehr wie gewohnt
Sie ziehen an ihr, all diese Mächte
Ziehen auch immer noch an ihr
Ihr Chef, ihr Mann, ihr Kind, ihr Leben
Jeder von ihnen will ein Stück
Von ihr, für sich, und immer wieder
Immer wieder treiben sie
Sie weiter, immer weiter
Immer weiter weg von ihr
Weg von ihr selbst
Jetzt liegt sie da wie marmoriert
Selbstentfremdet, ohne Sinn
Und fragt sich mit letzter Kraft:
Ist das alles? Ist es nicht!

Brunnenkinder

Ich habe eine Begabung:
Ich bin unglaublich gut darin
Kinder aus dem Brunnen zu holen

Ich werde darin immer besser
Und je besser ich werde
desto tiefer werden die Brunnen

Doch wäre es nicht besser
Wenn ich besser darin wäre
Die Kinder davor zu bewahren
In den Brunnen zu fallen?

Manchmal

Manchmal wach ich auf
Manchmal mitten in der Nacht
Und frag mich, was wär, wenn ich wär
Der ich war in den nächtlichen Träumen
Dann wär alles dort wahr

Hanna

Montagmorgen
7 Uhr. Aufstehen
Kaffee runterkippen
Rote Businesslippen

Dann der Griff nach den Kippen
Dem Schlüssel, der Uhr
Der Motor muss laufen
Es ist gleich 8 Uhr
Mit dem Mercedes
Von Tiefgarage zu Tiefgarage

Die Hitze dort draußen
Den Sommer, den spürt sie nicht
Sie spürt nicht den Wind
Sieht keine Menschen
Nicht die alte Frau
Mit den gleichen
Knallroten Lippen wie sie

Sie sieht das nicht
Dabei hatte sie es einst gesehen
Damals als sie noch studierte
Stundenlanges
Texte schreiben an Seen
Mal sehn

Vielleicht will ich doch etwas anderes
Hatte sie damals gedacht
Hatte gelacht und es beinahe gemacht
Und dann? Was war passiert?
Wo ist sie hin, diese Hanna von damals?
Die, die immer zu spät kam
Mit ihrem klapprigen Fahrrad
Die, die schreiben wollte
Aus ihren heiligen Träumen
Wurden ihre heiligen Pflichten

Der Job, die Kredite und die Miete fürs Loft
Ich schaue sie an, und jetzt sage ich ihr oft:
Das Gefängnis, die Pflichten
Die hast du selber erschaffen
Und nur du kannst es schaffen
Sie abzuschaffen.

Getrieben trommelt Hanna auf die Tastatur
Der Regen trommelt gegen die Fensterscheibe
Und auf einmal hält sie inne
Schaut hinaus
Hinein in den grauen Sommerhimmel
Und plötzlich laufen sie wie der Regen
Hinunter, stumme Tränen tropfen vom Kinn
Wo ist sie hin, die Hanna von damals?
Das lachende, tanzende
In sich bebende Mädchen

81

Jetzt nur noch ein Rädchen im großen System
Ich soll mich benehmen? Für wen?
Ganz langsam steht sie auf
Geht vorbei an den gläsernen Brutkästen
Vorbei an der dieser gläsernen Pflicht
An den Mercedes denkt sie nicht

Sie läuft, ohne sich ein einziges Mal umzudrehen
Wer noch einmal einen Blick zurückwirft
Kehrt eines Tages doch zurück
Und das will sie nicht
Ihre Kreditkarte ist voller Zeit
Sie musste sie nur nutzen

Rauschend fährt der Zug Richtung Osten.
Am nächsten Morgen ist sie an der Küste
Der brausende Wind schlägt ihr ins Gesicht
Wo ist sie hin die Hanna von damals?
Sie wird sie suchen, überall
Doch finden wird sie eine neue

Sie liebt ihn

Sie liebt ihn und er liebt sie
Sie liebt ihn in lauwarmen Sommernächten
Am Abend, wenn sie nach Hause kommt
Wenn das Stündchen der Entspannung kommt
Sie liebt seine Treue, die Wärme, die Kraft
Und wird sie mal müde, dann hat er die Macht
Er fängt sie, er treibt sie und macht sie verrückt
Doch ist er am Ende auch wirklich ihr Glück?

Seine Kälte stört sie nicht
Er gibt ihr trotzdem die Kraft
Für den Alltag, den nächsten
Damit sie es schafft

Doch liebt er sie wirklich?
Sie liebt ihn viel mehr
Sie greift nach der Flasche
Sie will noch mehr

4.

Die Gardine

Ganz leise hebt der Luftzug ihre Seite
Ein Hauch erzittert schon das weiße Kleid
Und zieht daran mit Kraft ins blaue Weite
Und tanzt mit ihr und lässt sie wieder los

Und aufgezogen macht sie sich kurz groß
Fast lustvoll dehnt sie sich zum Leben
Und tanzt und lacht und fällt und macht
Und bleibt doch immer nur daneben

Melancholisch hängt sie im Dazwischen
Zwischen Tönen, die kein anderer versteht
Und dumpf und leise und dann fast zerrissen
Reißt sie. Sich zusammen. Und verweht.

Katzen der Nacht

Nachts in Berlin
sind alle Katzen grau
Sind alle gleich
Sind alle blau

Sie ziehen durch die Stadt
Ziehen sich hoch, ziehen sich wach
Brauchen den Rhythmus und leben im Takt
Die Nacht reißt sie mit, treibt sie an
Macht sie schneller
Doch gibt sie ihnen jedes Mal
Nur ein kleines Stückchen vom Glück
Und jede Nacht macht verrückt
Macht verrückt nach noch mehr

Nachts in Berlin
sind alle Katzen grau.
Sind alle gleich
Sind alle blau

Sie brauchen die Elektrisierung
Brauchen den Strudel der Nacht
Die 1000 Gesichter
Und das Rauschen der Nacht

Sie brauchen den Beat, den sie fühlen
Sie brauchen das
die Züge an Kippen
Das Gequassel
Und den Rausch der Nacht
Sie brauchen das
Den kühlen Fahrtwind
Wenn sie nachts auf der Fahrt sind
Und ihr betäubtes Gesicht
Aus dem Taxifenster halten
Sie brauchen das
Das Gefühl der Freiheit
Jedes Wochenende
Und wenn dann morgens
Die Sonne aufgeht
Und die Vögel
Schon zwitschern
Dann lieben sie es

Alles wie immer
Doch wie immer zu viel

Gesellschaft

In einer Gesellschaft geboren werden
die das Kindsein verdammt

In einer Gesellschaft leben
die zu Arbeit verdammt

In einer Gesellschaft alt werden
die das Altwerden verdammt

Und dann in einer Gesellschaft sterben
die selbst den Tod noch verdammt

Ein Leben

Ich will ein Leben, das übersprudelt
Getrunken aus einer Flasche Wein
Und eingewebt zu einem Ganzen
Sich dann aufreibt und vereint

Sich auffächert zum Größten
Und dann langsam stark verblasst
Ein Streben nach dem Höchsten
Ein endlos Streben ohne Hast.

Und geht es dann schließlich zu Ende
Dann sind meine Augen nicht leer
Sie ruhen in blautiefer Weite
Und münden dann endlich im Meer

Unsere neue Farbe

Wenn du mich ansiehst
Sind wir noch immer zwei
Zusammenfließende Farben
Sind noch immer du und ich
Doch wir sind nicht mehr die
Die wir mal waren

Wir sind die
Die wir heute sind

Denn alle sieben Jahre
Ändert sich die Farbe
Dein Grün wurde gelb
Mein Rot ist jetzt grau
Und sie, unsere Farbe
Ist längst nicht mehr blau

Wir müssen sie neu mischen
Unsere Farbe
Für die nächsten sieben Jahre
Du und ich und das Dazwischen
Unsere neue, alte Farbe

Paris im November

Ich straßenwandere, alleine und still
Gezogen, mich fragend, wohin ich eigentlich will
Und kriege die Welt und mich nicht zu fassen
In den endlosen Straßen, den ewigen Gassen

Doch dann ein Lächeln, zaghaft, ein Blick
Durch die Straßen klingen die Lieder
Ein Hauch von Parfum, ein Augenblick
Treibt alle Sorgen nieder
Ein warmer Duft von Gebäck hüllt ein
Und verführt, am Louvre flattern die Tauben
Sie fliegen so frei, so klein, so allein
Und können sich alles erlauben

Von der Welt, dem Ganzen, ein Stück
Dunkle Wasser fließen wieder zurück
Und alles verstummt und alles hüllt ein
Und wieder ist's schwer, ich zu sein

In den Bergen

Berge schieben wie Schablonen
Sich dahin und liegen da
Blicke lange und erstarre
Weil es so schon immer war

Und fang an zu träumen
Im Wind, der mich zieht
Fühl ich mich gleichzeitig
Klein und mächtig

Klein, in Anbetracht der Steine
Die hier vor und nach mir stehen
Und mächtig dann vor dieser Weite
Mein Bewusstsein: Ich bin da

Morgenschein

Sonne wirft auf Wände hellen Morgenschein
Habe Schattenspielerhände, doch ich spiel allein
In Gedanken mein Leben, was kommt und was war
Und öffne das Fenster und stehe dann da

Luft strömt ins Zimmer und trägt mehrfachen Laut
Von Vögeln und Menschen so mehrfach vertraut
Ich schließe die Augen und spür es sich heben
Tief in mir drin spür ich's fast dieses Leben

Weißes Blatt Papier

Der Gedankendunst von gestern
Verflüchtigt sich im hellen Licht

Ein weißes neues Blatt Papier
  Noch unbeschrieben so wie wir
Nackt und weiß liegst du vor mir
  Ich kann dich beschreiben
Ich kann dich bemalen
  Ich kann dich zerschneiden
Ich kann dich zermahlen
  Und ich kann dich umdrehen
Wenn ich will
  Und weiter beschreiben
Und kann neue
  Weiße Blätter an dich kleben
Ich kann sogar bunte Blätter
  An dich kleben

Ich kann dich bewegen
Und du kannst mich bewegen

Zeit ist Geld

Wer sagt
Zeit ist Geld
hat vielleicht
recht

Wer sagt
Zeit ist Geld
hat vielleicht
Geld

Und keine Zeit
um zu merken
dass er vielleicht
doch nicht recht hat

Vorweihnachtszeit

Ich ziehe umher, zufrieden und leise
Am Ku'damm funkeln die Sterne
Sie lassen mich gleiten, begleitend still
Und leuchten mir sanft in die Ferne

Dann, plötzlich ein Schnitt:
Bunte und grellweiße Lichter
Schrill erleuchtete Gesichter
Getriebener Weihnachtsritt
Pulsierender Rhythmus
Treibt pulsierende Masse
Und schiebt sich durch Straßen
Und Läden und Hallen
Wo ist die Kasse? Wie teuer?
Wie viel? Wo gibt's diesen Duft
der ihr neulich gefiel?

Hineingezogen, doch bleibe nicht hier
Kein Mensch braucht all das wirklich
Und kehre zurück zu den Sternen, zu dir
Und schreibe bis Weihnachten Verse

Blaue Blume

Eine blaue Blume
Auf einem weißen Blatt Papier
Abgerissen, aufgeklebt wie wir
Eingedampft und festgezurrt für immer
Aufgebahrt zum Schein in meinem Zimmer
Für immer

Neue Gedichte
veröffentliche ich regelmäßig auf meinem
Instagram-Kanal @fabian.leonhard